Thomas Mariam Sura

Das Glücks-Mantra

Thomas Mariam Sura

Das Glücks-Mantra

und die sieben Abkürzungen
zum Glücklich-Sein

AMRA

Am Anfang war ...
Licht
ein Meer von Licht
unendlich und frei
ohne Anfang
ohne Ende
form- und substanzlos

Leere.

Auftauchen –

... Ich.

Dieses Buch widme ich
meiner geliebten Frau Teresa-Maria Sura,
dem glücklichsten Wesen,
dem ich in meinem Leben begegnet bin,
die mich immer wieder spiegelt
und inspiriert,
sowie meinen Eltern,
deren Liebe ich dieses Wunder
des Glücklichseins
im Hier und Jetzt verdanke.

Vorwort 10
Glück – was ist das eigentlich? 12
Was hindert uns am Glücklich-Sein? 15
Die innere Einheit wiederherstellen 22

Die sieben Abkürzungen
Erste Abkürzung: Perspektivenwechsel 28
Zweite Abkürzung: Den Verstand überlisten 33
Dritte Abkürzung: Alle Wünsche loslassen 39
Vierte Abkürzung: Das Glücks-Mantra 44
Fünfte Abkürzung: In den inneren Himmel eintauchen 49
Sechste Abkürzung: Liebe und Hingabe 57
Siebte Abkürzung: Es ist 60

Praxis-Teil
Nützliche Dinge, die Du ausprobieren könntest 63
Nützliche Eigenschaften, die Du kultivieren könntest 83
Buch / CD-Empfehlungen 88
Danksagung 90

Nachwort von Pari Laskaridis 94

Zur vorliegenden Veröffentlichung 102
Über den Autor 106

*Erinnere Dich,
Glück hängt nicht davon ab,
was Du tust oder hast,
sondern einzig davon,
was Du denkst.*

BUDDHA

Vorwort

Alle reden vom Glück. Jeder sagt, er wolle glücklich sein. Warum fühlen sich dann aber so wenige Menschen wirklich glücklich?
Ist Glück vielleicht eine Illusion, der wir zeitlebens nachjagen, ohne sie je zu fassen zu bekommen?

Oft hört man, Glück sei vergänglich, und in dieser Aussage schwingt meistens unausgesprochen mit: »Weil es vergänglich ist, lohnt sich auch nicht die Suche danach.« Oder man hört ein resigniertes: »Glück ist sowieso eine Illusion.« Für viele Menschen ist es mit dem Glück wie mit der Liebe. Sie glauben nicht wirklich, dass es sie gibt, weil sie bisher weder Glück noch Liebe bewusst erfahren haben.

Woran liegt es, dass wir das Glück nicht oder nur sehr selten erfahren? Gibt es etwas, was wir tun können, um es herbeizuholen, etwas, was uns dem Glück näherbringt? Dieser Frage geht das vorliegende Büchlein ohne große Umschweife oder den Ballast theoretischer Abhandlungen auf den Grund.

Bitte beachte beim Lesen, dass Worte lediglich Konzepte sind, die wir verwenden, Gedankenkonstrukte, um unsere Erfahrung und Wahrnehmung zu vermitteln. Sie können immer nur der unbeholfene Versuch bleiben, sich der Wahrheit anzunähern. Glaube also bitte nichts von dem, was hier steht, vorbehaltlos und buchstäblich – es sei denn,

Du spürst eine tiefe Resonanz dazu oder es ist Deine persönliche Erfahrung.
Scheinbar werden sich manche Aussagen auf diesen Seiten widersprechen. Bedenke dabei erneut, dass Wahrheit nicht in Worte gepackt werden kann und bei jeder Aussage auch das Gegenteil stimmen mag. Diese Existenz ist und bleibt ein Mysterium, und die Wahrheit ist paradox.

Ich selbst mag es auch nicht, wenn über einfache Dinge stundenlang debattiert wird oder ein einfacher Sachverhalt auf Hunderten von Seiten hin und her gewälzt wird – nur um ein Buch zu füllen.
Deshalb und weil das Glück eine sehr schlichte und unmittelbare Erfahrung ist, habe ich versucht, in wenigen Worten das Wesentliche niederzuschreiben. Ich habe mich bemüht, ein Hand-Buch zu erschaffen, das ich selbst gern lesen würde, einen kleinen Ratgeber, der zur Besinnlichkeit anregen soll.
Ob mir das gelungen ist, dies zu entscheiden, muss ich Dir überlassen.

Mögen alle Wesen glücklich sein
(und die Fähigkeit haben, ihr Glück zu ertragen!)

wünscht
THOMAS MARIAM SURA

Was ist Glück eigentlich?

Sicher gibt es Menschen, die auf diese Frage so etwas antworten wie »einen Haufen Geld haben« oder »ein Ferrari mit drei Blondinen«, aber ich denke, die meisten von uns wissen bereits, dass es dabei nicht um materielle weltliche Dinge geht.
Wenn wir etwas tiefer schauen – unter die Oberfläche der vielleicht existierenden Wünsche –, dann erkennen wir recht schnell, dass Glück wohl nur ein innerer Zustand sein kann.
Kehren wir die Frage doch einfach um:

Warum sind wir eigentlich unglücklich?

Interessante Frage, nicht wahr?!
Wir sind unglücklich (oder meinen es zu sein), weil das, was ist, nicht unseren Vorstellungen entspricht. Wir sind unzufrieden mit unserem Beruf, unserer Beziehung oder schlicht mit uns selbst. Oft ist es einfach nur dieses »Es sollte etwas anderes sein, damit es perfekt ist und ich mich glücklich fühlen kann«.
Wir sind wie ein Kind, das Kartoffeln vorgesetzt bekommt, aber unbedingt Pommes haben will. Das Leben setzt uns etwas vor, und wir wollen es genau so nicht. Wir sind voller Trotz, im Widerstand, fühlen uns in einer unbefriedigenden Situation gefangen oder haben einfach Angst vor dem,

was uns das Leben noch alles bringen wird. Wir haben mehr oder weniger unterschwellig das Gefühl, dass das Leben gegen uns ist, und fühlen uns abgeschnitten.

In der Umkehrung heißt das, dass wir glücklich sind, wenn wir im Einklang mit dem sind, was ist, dass wir uns dann leicht und frei fühlen – ohne Widerstand oder Angst zu erfahren.

Unser Bewusstsein ist in diesem Moment eins mit dem Ganzen, mit Gott oder dem Universum – welches Wort oder Konzept Dir auch immer am liebsten ist.

*Probleme gibt es nicht.
Sie sind nur eine Methode,
sich beschäftigt zu halten.*

OSHO

Was hindert uns am Glücklich-Sein?

Die meisten von uns erfahren den Zustand des Glücklichseins nur sehr selten, sehr kurz oder gar nicht. Dennoch sagt jeder, den man fragt, dass Glücklichsein sein vorrangiges Ziel ist. Warum sind wir aber dann nicht glücklich, und was können wir tun, es zu sein?

Um darüber mehr herauszufinden, müssen wir zuallererst eine eher unangenehme Wahrheit an uns heranlassen:

Wir wollen gar nicht glücklich sein,
weil wir Angst vor diesem Zustand haben.

Nun werden die meisten denken: »Was für ein Quatsch, ich wünsche mir nichts mehr, und jetzt behauptet der, dass ich es in Wahrheit gar nicht will!«

Aber lasst uns diese Behauptung ein wenig näher betrachten.
Was bedeutet es, glücklich zu sein?
Glücklichsein bedeutet angst- und sorgenfrei zu sein. Angst- und sorgenfrei zu sein bedeutet gedankenfrei zu sein, denn es sind unsere Gedanken, die ständig um mögliche Gefahren, Sorgen und Ängste kreisen.

Angst (im Gegensatz zu Furcht, die sich auf eine akute Gefahr bezieht) ist die Kluft zwischen Gegenwart und Zukunft. Ich ängstige mich vor etwas, was im Moment gar nicht existiert, sondern lediglich als Möglichkeit für die Zukunft vorhanden ist. Und da unser Verstand ein wundervolles Werkzeug ist, das die Aufgabe hat, unsere Existenz zu deuten und so sicher wie möglich zu machen, versucht er ständig, diese möglichen Gefahren vorauszusehen und die Kluft zwischen Gegenwart und Zukunft zu überbrücken. Das Ergebnis ist, dass wir den Moment nicht erleben, weil wir mit der Zukunft beschäftigt sind.

Ein Moment frei von Gedanken, frei vom gedanklichen Vorgriff auf die Zukunft oder dem unentwegten inneren Dialog zur Lösung irgendwelcher Probleme (die wir in 99 % aller Fälle bereits 25.888 Mal in Gedanken durchgegangen sind), ist für uns in Wahrheit ein glücklicher Moment. Für unseren Verstand, oder sagen wir besser, den Teil von uns, der auf die Angst hört (ich nenne diese Instanz im Folgenden das »Angst-Ich«), ist es ein ungeschützter Moment – ein Moment ohne die gewohnheitsmäßige Kontrolle über alle potenziellen Gefahren, die ja im Sekundentakt auf uns warten könnten.

Ein Moment frei von Gedanken
ist für uns ein glücklicher Moment.

Wir haben es nicht anders gelernt und verinnerlicht: Entspanne Dich niemals ganz im Hier und Jetzt, denn wenn Du das tust, bist Du schutzlos allem ausgeliefert. Nimm besser eine »Hab acht!«-Haltung ein und denke darüber nach, wie Du Dich und deine Existenz absichern kannst.

Ich glaube, dass dieses Gewohnheitsmuster ganz tief im kollektiven Bewusstsein der Menschheit verankert ist und dass Du Dir dessen bewusst werden musst, um Dich davon lösen zu können.

Vielleicht ist es der archaische Jäger in uns, immer bereit, einem Angriff zu begegnen oder eine plötzlich auftauchende Beute anzugreifen. Sicher aber wird es bestärkt durch unsere Gesellschaft und die Erziehung, die die meisten von uns erfahren haben.

Viele von uns durften nie einfach glücklich und entspannt sein. Wir mussten uns nützlich machen, etwas »Sinnvolles« tun, den Eltern helfen oder etwas lernen. Wir bekamen jäh und unvermittelt Strafen oder erlebten unverhofft heftige Reaktionen der Umwelt in Momenten, in denen wir nicht damit gerechnet haben.

Die Folge: Wir fingen an, ständig damit zu rechnen, und versuchten, niemals unvorbereitet zu sein. Jedes Kind ist zu Beginn offen, unschuldig und völlig entspannt in seinem Sein.

Jetzt geht es darum, diesen Zustand bewusst wieder zuzulassen.

Folgende Geschichte habe ich einmal gehört. Ich finde, sie erklärt unser Dilemma, in dem wir als Kinder steckten, sehr gut.

Kevin sitzt im Garten und genießt es, nichts zu tun. Da ruft seine Mutter aus dem Haus: »Kevin, was machst du?« Kevin antwortet: »Ich tue nichts.« Die Mutter glaubt das nicht und ruft: »Nein, Kevin, jetzt mal ganz ehrlich, was machst du gerade?« Kevin antwortet: »Ehrlich – ich tue rein gar nichts.« Die Mutter wird ärgerlich und ruft: »Jetzt sag mir endlich die Wahrheit, was du da tust!« In dem Moment seufzt Kevin, hebt einen Stein auf, wirft ihn in den Garten und sagt: »Ich werfe Steine.« Da antwortet die Mutter: »Das ist genau das, was ich befürchtet habe. Hör sofort auf damit!«

Wir lernen und verinnerlichen, immer beschäftigt, immer in Bewegung zu sein, und haben ein schlechtes Gewissen, wenn wir einfach nur unsere Gegenwärtigkeit genießen und nichts tun. Nichtstun wird gleichgesetzt mit Faulheit, und Faulheit ist in unserer leistungsorientierten Gesellschaft so etwas wie eine Todsünde.
Unser Verstand hat deshalb die Gewohnheit entwickelt, niemals eine Pause entstehen zu lassen. Jede freie Minute wird gefüllt. Wenn wir irgendwo allein sitzen, brauchen wir etwas, um uns zu beschäftigen, eine Zeitung, ein Handy, eine Zigarette, oder wir trinken ein Glas. Wir tun irgend etwas, das nach außen demonstriert: Wir handeln

und machen uns nützlich. Unser Verstand ist unentwegt auf der Suche nach etwas, das ihn beschäftigt, so dass keine Momente des Nichtstun entstehen können.

Ja, es ist sogar so, dass wir Pausen und Nichtstun nicht mehr ertragen können. Wie bereits angesprochen, fürchten wir unbeschäftigte Momente förmlich, denn dann fühlen wir uns schutzlos und ausgeliefert.
Um bei der kleinen Geschichte zu bleiben: Wir fürchten sekündlich den Ruf der Mutter, die kontrollieren möchte, was wir gerade machen.
Wenn wir alle Ängste, Gedanken und Gewohnheiten für einen Moment loslassen würden – wären wir frei. Unser Bewusstsein wäre einfach ein freier leerer Raum – offen für alles und jeden.
Wir wären einfach nur glücklich.

Stell Dir vor, Du würdest darauf verzichten, alles immer sofort gedanklich zu erklären und zu kategorisieren.
Dir würde jemand begegnen, und Du würdest ihn nicht sofort beurteilen, ihn nicht in deine persönlichen Kategorien von gut, schlecht, schön, hässlich und so weiter einteilen. Du würdest darauf verzichten, sofort festzustellen, was mit jemandem oder in einer Situation möglich oder unmöglich ist.
In so einem Moment würdest Du Dich auf die reine Gegenwart einlassen und dem Fluss des Lebens keinerlei Steine mehr in den Weg legen.

Das ist der Moment, in dem Glücklichsein geschehen kann.

*Wir sehnen uns nach den Momenten,
in denen wir wahrhaft frei und entspannt sind.*

Die innere Einheit wiederherstellen

Wir haben also festgestellt, dass gedankenfreie Momente des Nichtstuns glückliche Momente wären, dass aber unser »Angst-Ich« diesen Zustand fürchtet und versucht, solche Momente mit aller Macht zu verhindern.
Gleichwohl sehnen wir uns nach diesen erlösten, glücklichen Momenten, in denen wir wahrhaft frei und entspannt sind.

»Zwei Seelen wohnen, ach! in meiner Brust«,
sagt der Faust bei Goethe.

So ist es in der Tat auch bei uns. Wir sind nicht eins mit uns selbst. Der Teil, den ich »Angst-Ich« getauft habe, strebt nach Anpassung und Sicherheit und versucht, das Leben zu kontrollieren. Der andere Teil, den ich das »wahre Selbst« nenne, strebt nach Freiheit, Lebendigkeit und Gegenwärtigkeit.
Normalerweise sind diese beiden Teile immer im Widerstreit miteinander. Je unbewusster wir sind, um so mehr wird das Angst-Ich unser Leben dominieren. Je bewusster wir werden, um so offensichtlicher wird dieser innere Kampf und um so dringlicher die Sehnsucht nach innerer Freiheit.

Oft ist es so, dass wir unser Leben dem Angst-Ich überlassen haben. Nachdem wir als Kind gelernt haben, dass Unschuld, Offenheit und Freiheit nicht erwünscht

sind und uns der Anerkennung unserer Umwelt beraubt, lassen wir dem Verstand und unserem Angst-Ich die Oberhand. Das führt dazu, dass in unserem Unterbewusstsein stetig Unzufriedenheit und Schmerz wachsen. Unser wahres Selbst sucht nach einer Möglichkeit, an die Oberfläche vorzustoßen. Es versucht, Weckrufe hervorzubringen.
Das kann sich bei dem einen relativ sanft auswirken, indem er plötzlich erkennt, dass er auf dem falschen Weg ist. Bei dem anderen äußert es sich vielleicht schmerzhaft durch einen Unfall oder eine Krankheit.

Alle Varianten sind denkbar. In jedem Fall geht es darum, den inneren Konflikt ins Bewusstsein zu lassen und dem wahren Selbst die Führung zurückzugeben.
Das ist in der Regel ein Prozess, kann aber auch von einem Moment auf den anderen passieren. Die Kunst besteht darin, den Kampf aufzugeben, das Angst-Ich nicht zu bekämpfen, sondern zu integrieren.
Erinnere Dich, dass das Angst-Ich aus dem Bewusstsein Deiner Kindheit entstanden ist, aus dem Wunsch heraus, Dich zu schützen und die feindlich empfundene Umwelt abzuwehren. Es geht also darum, dieses verängstigte innere Kind symbolisch an die Hand zu nehmen und ihm Mitgefühl und Verständnis entgegenzubringen.
Wenn das wahre Selbst das Angst-Ich an die Hand nimmt, findet eine Verschmelzung statt und aus den »zwei Seelen« wird wieder *das Eine*.

* * *

Als Leser dieses Büchleins bist auch Du an dem Punkt, dass Dein wahres Selbst dabei ist, erneut die Führung zu übernehmen oder schon wieder die Führung übernommen hat. Wäre es nicht so, wäre dieses Büchlein nicht in deinen Händen gelandet, oder Du hättest es bereits nach der ersten Seite als völligen Quatsch abqualifiziert und beiseitegelegt.

Was also können wir tun,
um unsere innere Einheit wiederherzustellen –
und einfach glücklich zu sein?

*Je bewusster wir werden,
um so dringlicher ist
die Sehnsucht
nach innerer Freiheit.*

Die sieben Abkürzungen

Erste Abkürzung: Perspektivenwechsel

Wir können im wahrsten Sinne des Wortes nichts tun. Etwas tun zu wollen würde bedeuten, dass es ein Problem gäbe, und Probleme sind Sache unseres Verstandes. Wie wir aber inzwischen wissen, ist es gerade dieser »Nussknacker« namens Verstand, der das Nichtstun verhindert.

Es geht also um einen Perspektivenwechsel.

Haben wir bisher aus der Perspektive des Angst-Ich geschaut, nehmen wir ab sofort den Blickwinkel unseres wahren Selbst ein.
Das Angst-Ich hat auf die Probleme und auf die möglichen Gefahren geschaut. Jetzt halten wir Ausschau nach genau dem Gegenteil, wir fokussieren die gedankenfreien Momente, das Hier und Jetzt.
Ich vergleiche es gern mit dem Bild des Himmels, der Sonne und der Wolken. Bisher haben wir unsere Aufmerksamkeit ausschließlich auf die Wolken gerichtet. Wir dachten, unser Leben besteht nur aus Wolken. Jetzt richten wir unsere Aufmerksamkeit auf die Lücken zwischen den Wolken, auf die Sonnenstrahlen, wie wenige es auch sein mögen. Und selbst, wenn es eine geschlossene Wolkendecke gibt oder tiefe Nacht ist – wir wissen und halten an dieser Gewissheit fest, dass die Sonne sich dahinter verbirgt und immer und fortwährend scheint.

Das ist kein naives Bild, sondern ein absolut treffendes Sinnbild unserer inneren Realität. In uns sind die »Wolken«, die vielen problemorientierten Gedanken, die unseren Blick auf die innere Schönheit, unsere Klarheit und Freiheit verdecken. In uns erzeugt die Angst eine innere Nacht, in der wir die Existenz von Glück nicht mehr wahrnehmen.
Beginne, Dich auf das lichtvolle, auf das unbeschäftigte Sein, auf die Momente innerer Leere auszurichten. Mach es zu Deiner Angewohnheit. Wann immer Du beobachtest, dass sich Dein Blick auf die Wolken richtet, wechsele die Perspektive.

Das ist die ganze Wahrheit:
Ändere Deine Perspektive, und das Glück
»folgt auf dem Fuße«.

Jetzt schreien natürlich viele Leser auf: »Aber so einfach ist das doch nicht!«, »Aber so schnell geht das doch nicht!« Aber, aber, aber – und schon hat Dich der Verstand wieder eingeholt, nutzt er die tolle Gelegenheit, ein Problem aus etwas zu machen und eine Strategie zu entwerfen.
Und genau hier fängt »die Arbeit« an. *Jetzt* musst Du hinschauen und beobachten, wie sich die Wolke vor Deine Sonne schiebt, wie Du – statt auf das Hier und Jetzt zu sehen – aus dem »einfach glücklich sein« ein »glücklich werden« machst. Denn was ist es anderes als ein Aus-

weichen in die Zukunft, wenn ich mich frage, wie ich es bewerkstelligen kann, glücklich zu werden? Hier »beißt sich die Katze in den Schwanz« und hier beginnt das, was ich »Flucht in die Gegenwart« nenne.

Wann immer deine Aufmerksamkeit sich der Zukunft oder der Vergangenheit zuwendet, *nimm Zuflucht in der Gegenwart*.

Es gibt viele Techniken und Hilfsmittel, die uns dabei unterstützen wollen und vielleicht auch können. Ob sie helfen oder nicht, liegt ganz allein bei Dir. Du bist es, der herausfinden muss, was Dich unterstützt, mit Dir kompatibel ist und Dir Zuflucht in der Gegenwart gewährt. Beobachte Dich und finde heraus, was Dich unterstützt. Lerne, Deiner inneren Führung zu vertrauen und dem Fluss Deiner Energie zu folgen. Wenn Du spürst, dass Dich eine bestimmte Musik anzieht und Dich in den inneren Raum von Stille und Gegenwärtigkeit versetzt – dann ist es das! Wenn es Gartenarbeit oder bloßes Stillsitzen, Yoga oder Spazierengehen ist – dann ist es das!
Was immer Dich in den Zustand innerer Einheit und in die Gegenwärtigkeit versetzt ist richtig. Wichtig dabei ist, dass Du kein starres Konzept daraus machst, denn alles kann sich verändern. Wenn wir anfangen, von bestimmten Handlungen bestimmte Resultate zu erwarten, sind wir bereits wieder aus dem Fluss und aus der Gegenwärtigkeit herausgetreten.

Zweite Abkürzung:
Den Verstand überlisten

Wer bin ich?

Es gibt Fragen, die kann Dein Verstand nicht beantworten. Wenn Du sie Dir ernsthaft stellst, legst Du ihn lahm und es entsteht leerer, unbeschäftigter Raum.
Andererseits führen diese Fragen Dich auf den Weg, herauszufinden, was Du eigentlich wirklich weißt und was Du lediglich gelernt, übernommen oder Dir angeeignet hast.
Was weißt Du eigentlich wirklich über Dich, das Leben, dieses Universum? Was ist Wissen und was lediglich Konzept, Gedankenkonstrukt?

Ich bin.

Diese Fragen führen uns zu der Erkenntnis, dass wir in Wahrheit nichts wissen – außer dem, dass wir jetzt sind. Alles andere ist ungewiss.
Der indische Weise Sri Nisargadatta Maharaj sagt:
»Die einzige Sache, die ich habe und die ich anwenden kann, um das Mysterium des Lebens zu entwirren, ist das Wissen ›Ich bin‹.«
Mache Deine Gegenwärtigkeit zu Deinem Mantra. Mach Dir bewusst, dass Du bist, in diesem Moment existierst. Dieser Moment jetzt ist Dein Zuhause. Es gibt keine Vergangenheit und Zukunft – nur das Hier und Jetzt.

Meditation

Wenn wir nur diesen Moment und das, was hier und jetzt ist, wahrnehmen, was sind wir dann? Alle spirituellen Lehrer weisen darauf hin, dass wir das sind, was sich nicht verändert, das, was nicht vergänglich ist.

Alles, was sich diesen Moment in unserem Bewusstsein abspielt, ist aber vergänglich. Gedanken und Gefühle, mit denen wir uns auf innere und äußere Ereignisse beziehen, kommen und gehen. Sinneswahrnehmungen und auch unsere Körper kommen und gehen. Was bleibt und was sich nicht verändert, ist das Gefäß, in dem sich all das abspielt – das Bewusstsein.

Nisargadatta Maharaj sagt: »Die Quelle allen Glücks ist Ihre Anwesenheit. Lassen Sie sich dort nieder, seien Sie dort. Mischen Sie sich nicht in den Ablauf Ihrer Aktivitäten ein. Es sind nicht die Aktivitäten, die Ihnen Genuss bringen – es ist Ihre Anwesenheit allein. Denken Sie ständig daran, dass Sie nicht der Körper sind.«

Beispiel für einen inneren Dialog

Was weißt Du wirklich über Dich?

Schließe die Augen und schau nach Innen.
Was weißt Du definitiv?
Wer bist Du?
Ich sehe in mich hinein und suche nach Tatsachen –
nach etwas, was ich wirklich und unzweifelhaft weiß.
Was ist kein Gedankenkonstrukt, kein Etikett, kein Wissen
aus zweiter oder dritter Hand?
Mein Name ist ein Etikett. Aber ein Etikett für was?
Was bin ich?

Ich bin ein Mensch – oder? Aber was ist der Begriff Mensch
anderes als ein weiteres Etikett?
Und doch: Bin ich nicht Teil dieser Spezies, die man Mensch
nennt, Folge einer langen evolutionären Kette?
Das habe ich gelernt – aber weiß ich das wirklich?
Nein – es ist nur eine gelernte Theorie, kein echtes inneres
Wissen.

Ich stelle fest, dass mein ganzes Leben auf Annahmen,
Theorien und übernommenen Aussagen Dritter beruht.
Ich scheine schier gar nichts zu wissen – oder?
Was bleibt über, wenn ich alle Etiketten, alle Annahmen
und Erklärungen fallen lasse?

Ich höre, ich rieche, ich fühle, ich sehe. Ich nehme durch
meine Sinne wahr.

Mein Verstand ordnet das Wahrgenommene ein, verteilt die Etiketten und überlegt, was damit zu tun ist.
Bin ich meine Wahrnehmung oder mein Verstand?
Wie kann ich etwas sein, was ich gleichzeitig beobachten kann?
Ich beobachte doch meine Sinneswahrnehmungen und die Arbeit des Verstandes – oder? Also wie kann ich das sein?
Aber was bin ich dann? Der Beobachter?
Ich erkenne den Beobachter und das Beobachtete. So viel weiß ich jetzt.

Seit wann gibt es den Beobachter?
Ich weiß es nicht.
Wurde er irgendwann geboren?
Ich weiß es nicht. Er war irgendwann einfach da.
Wann war das?
Ich weiß es nicht. Ich erinnere mich nicht mehr. Ich weiß nur, dass er jetzt da ist.
Weiß ich, wie lange er da sein wird?
Vermutlich, bis ich sterbe.
Woher weiß ich das? Wann sterbe ich?
Ich weiß es nicht.
Sterbe ich überhaupt?

und so weiter ...

*Glück ist bereits in Dir vorhanden.
Es ist Dein Geburtsrecht.*

Dritte Abkürzung:
Alle Wünsche loslassen

Wie ich bereits an anderer Stelle ausgeführt habe, haben die meisten von uns Angst, ihre Probleme und das, was eventuell an »bösen« Überraschungen kommen könnte, zu vergessen und einfach im Moment hier und jetzt glücklich zu sein.
Wenn ich Zukunft (Ungewissheit und Ängste) und Vergangenheit (schlechte Erfahrung) loslasse und auf diesem zerbrechlichen Floss der Gegenwart surfe, bin ich verletzlich und überraschbar, aber eben auch für die unerwartet wundervollen und schönen Dinge.

Wenn ich mich traue, einfach nur glücklich zu sein, gebe ich an das Universum glückliche Energien weiter, und das Universum wird mir genau das spiegeln.

Was wünschst Du Dir wirklich?

Es gibt in der ganzheitlichen und spirituellen Szene seit vielen Jahren eine regelrechte Wunsch- und Bestellszene. Wie bekomme ich das, was ich mir wünsche, am schnellsten – oder: Wie bestelle ich richtig beim Universum, dass ich den richtigen Job, die richtige Partnerin oder was auch immer bekomme.

Aber hast Du Dich schon jemals wirklich gefragt, was Dein Wunsch der Wünsche, deine finale Bestellung ist? Welcher essenzielle Wunsch verbirgt sich hinter deiner langen, langen Wunschliste eigentlich?

Ich möchte Dich ermuntern, ganz nach Innen zu gehen und Dich zu fragen: Was ist das Eigentliche, was ich mir für mein Leben wünsche? Ich bin ziemlich sicher, dass Du am Grunde deines Herzens, im Kern Deines Seins, dasselbe findest, was ich in mir gefunden habe – nämlich: *Ich will glücklich sein*. Ich wünsche mir, dass ich glücklich bin.

Dieser Wunsch schließt letztlich alle möglichen anderen Wünsche ein – denn wenn Du glücklich bist, bist Du erfüllt, und wenn Du erfüllt bist, bist Du wunschlos, frei fließend. »Wunschlos glücklich« ist auch in unserem Sprachgebrauch der Idealzustand.

Was muss Du aber tun, um wunschlos glücklich zu sein?

Die Antwort, die ich für mich gefunden habe, ist: Ich muss aufhören zu wünschen, dass ich glücklich sein will!
Jeder Wunsch ist eine Projektion in die Zukunft – es ist nicht jetzt, sondern es ist irgendwann. Ich muss erst etwas tun, um es zu erreichen.

Die Wahrheit ist, dass Du nichts tun musst.

Lass alle Wünsche los und schaffe dadurch den inneren
Raum für die Erfahrung deines glücklichen Seins.
In dem Moment, in dem Du Dein Sorgenmäntelchen fallen
lässt, wirst Du erfahren, dass Du bereits glücklich bist und
es schon immer warst.
Glück ist bereits in Dir vorhanden – es ist Dein Geburtsrecht.

Erlaube Dir loszulassen
und wunschlos glücklich zu sein.

Du musst nichts tun.

Vierte Abkürzung:
Das Glücks-Mantra

Unser Seinszustand unter all den oberflächlichen Problemen und Wünschen ist, dass wir bereits glücklich sind, dass wir Licht und bereits erleuchtet sind.

Im Mutterleib und eine Zeitlang auch als Säugling waren wir in diesem Zustand – eins mit dem Universum und glücklich. Aber wir waren uns dessen nicht bewusst, und als dann die Erwachsenenwelt uns in die Dualität (»Du bist Kevin – ich bin Mutti«) eingelernt hat, sind wir zunehmend aus diesem Zustand herausgefallen.
Wir haben die Ängste und das Problembewusstsein unserer Umwelt und Mitmenschen verinnerlicht – und weil wir nicht bewusst waren, haben wir allmählich geglaubt, dass es unsere eigenen Gedanken, Sorgen und Ängste sind.
Wir haben uns damit *identifiziert*.

Aber wir haben jeden Augenblick die Freiheit, uns dieses gesellschaftlich kultivierten Sorgenmäntelchens bewusst zu werden und zum wahren Urgrund unseres Seins zurückzufinden.

In vielen Schriften steht, dass wir umkehren müssen, und das ist damit gemeint: *Wir kehren zurück zu unserem inneren, eigentlichen Zustand, der niemals verschwunden ist.*

Wir haben nur immer in eine andere Richtung geschaut, uns mit dem identifiziert, was nicht existiert, nämlich den Sorgen um die Zukunft oder dem Schmerz der Vergangenheit.
Jetzt kehren wir um – lenken unsere Wahrnehmung und Bewusstheit zurück auf das, was nie verschwunden war, auf unseren angeborenen Glückszustand und unser Einssein mit dem, was ist im Hier und Jetzt.

Wenn wir also unseren wahren Zustand nie verloren haben, er quasi nur von einer Wolke aus zukunfts- oder vergangenheitsorientierten Gedanken verdeckt ist – was müssen wir dann tun, um zurückzukehren?
Wenn uns klar ist, dass die Gedanken und Sorgen, die ständig unsere Aufmerksamkeit fordern, nur deshalb so dominant in unserem Bewusstsein sind, weil wir an sie glauben (uns mit ihnen identifizieren), und wir uns immer wieder ins Bewusstsein rufen, dass diese unsere Gedankenwelt sich immer nur um Zukunft und Vergangenheit dreht, *dann können wir den entscheidenden Schritt wagen und Zuflucht im Hier und Jetzt suchen.*

Ein guter Anfang ist, die Gedanken ebenfalls auf das Hier und Jetzt zu konzentrieren. Statt zu wünschen und zu bestellen, dass wir irgendwann einmal glücklich sind, gehen wir dazu über festzustellen, dass wir glücklich sind. Wenn wir das zu unserem Mantra machen, schwingt es mit unserer verdeckten inneren Wahrheit. Der Resonanzboden unseres wahren Selbst beginnt dann in unserem Tagesbewusstsein aufzuleuchten.

Als mir das wirklich klar wurde, habe ich begonnen, täglich folgendes Mantra in mir zu wiederholen:

Ich bin gesund.
Ich bin glücklich.
Ich bin gegenwärtig.

Ich nenne es mein Glücks-Mantra.

Eigentlich würde nur »Ich bin glücklich« ausreichen, weil das mein Urgrund ist, aber irgendwie waren immer diese drei Sätze in meinem Geist, und es fühlte sich rund an. Dieses Mantra habe ich, wann immer es mir einfiel, wiederholt – bestimmt 20 bis 30 Mal am Tag. Vor dem Einschlafen waren es meine letzten inneren Worte, und es waren die ersten, wenn mein Tagesbewusstsein zu mir zurückkehrte am Morgen.

Wenn Du die Wahrheit dessen, was ich hier niedergeschrieben habe, für Dich selbst erkennen kannst, aber meine Worte sich für Dich nicht richtig anfühlen, dann spüre in Dir nach, welches der richtige Ausdruck für Dich selbst ist.
Vielleicht möchtest Du sagen: »Ich bin die höchste Wahrheit« oder »Ich bin Licht« oder »Ich vertraue«. Was immer Deinen Urgrund und die Ebene deiner wahren inneren

Realität ausdrückt ist richtig. Achte aber unbedingt darauf, dass Du die Kernaussage mit Deinem Ausdruck triffst, nämlich dass Du in Wahrheit bereits vollendet bist.

*Egal, wie viele innere Wolken
aus Gedanken
und Gefühlen es gibt.
Tauch durch sie hindurch ...*

Fünfte Abkürzung:
In den inneren Himmel eintauchen

Friede zieht in die Seele des Menschen ein,
wenn er seine Einheit mit dem Universum begreift
und dass diese wirklich überall ist.
Sie ist in jedem von uns,
diese Einheit.
Sie ist innerhalb eines Jeden von uns.

Peace comes within the souls of man
When they realize their oneness with the universe
That it is really everywhere
It is within each of us.
The oneness
It is within each of us ...

BLACK ELK – Medizinmann der Oglala Lakota (Sioux)

Ich weiß, es klingt so fremd – so unmöglich. Doch ich weiß auch, es ist die unglaubliche und gleichzeitig absolute Wahrheit:

Wir sind eins mit dem ganzen Universum.
Wir sind ein Puzzle-Teilchen im großen,
multidimensionalen Puzzle Gottes.
Und jedes Puzzle-Teilchen hat seinen
eigenen Blick auf diese Wahrheit des Ganzen.

Die einen erfahren es als das Nichts, die anderen als Gott, als Licht oder als die Existenz schlechthin. Es spielt keine Rolle, wie Du es nennst, denn nur auf das eigene Erleben kommt es an.
Ich musste 50 Jahre alt werden, um es in dieser Deutlichkeit zu sehen. Es ist hier in mir – jetzt, immer und jederzeit –, und genauso ist es in jedem anderen lebenden Wesen – egal, ob es sich dessen bewusst ist oder nicht.

Das ist, was alle wahren Meister sagen:

Wir sind alle erleuchtet.
Um das zu erkennen, brauchst Du
nichts in der äußeren Welt tun.
Es ist jetzt hier in dir.

Früher habe ich immer gedacht: »Na klar, es leuchtet mir ein, dass wir bereits erleuchtet sind – aber wo ist es, ich spüre es nicht?!« Es ist, als suchte der Brillenträger nach seiner Brille – während er sie auf der Nase sitzen hat. Er schaut in die Ferne und sucht – und gleichzeitig sitzt die Brille ganz nahe und dicht an ihm dran.
So dicht, so nahe sitzt die Unendlichkeit, das Licht oder wie immer Du es für Dich benennen willst.

Es ist in Dir – Du bist es.

Du (oder Gott) spielst Verstecken mit dir selbst und hast es verborgen unter ein paar Gedanken und Gefühlen. Das beste Beispiel ist hier für mich wieder der Himmel. Wenn wir bei dichter regnerischer Wolkendecke mit einem Flugzeug starten:

Über den Wolken – egal, wie hoch sie sich türmen, wie viele Schichten es auch gibt – scheint immer die Sonne.

Genauso ist es im inneren Himmel: Egal, wie viele innere Wolken aus Gedanken und Gefühlen es gibt, tauch durch sie hindurch – lass eine nach der anderen hinter Dir – und plötzlich bist Du mittendrin in der Unendlichkeit – *im Ewigen Licht*.

Selbst die Wissenschaft bemerkt es inzwischen:
Je tiefer wir in die Materie eintauchen, um so mehr löst sie sich auf – die kleinsten bisher entdeckten Teilchen bestehen aus Licht und haben keine materielle Substanz mehr.
Wir existieren nicht als Form oder Struktur.

Wir sind in unserer Essenz nichts als Licht.

Der Schlüssel für uns liegt einzig und allein in der Blickrichtung.
Wenn Du Deinen Blick nach Innen wendest – aber dort nicht an der Oberfläche hängen bleibst, an Deinem momentanen Zustand von Liebe, Ärger oder was auch immer, sondern durch die verschiedenen Schichten hindurch tauchst –, dann bist Du ruckzuck dort, wo es keine Grenzen mehr gibt.
Tauche hindurch – schau Dir jede einzelne Schicht genau an, jedes Gefühl, jeden emotionalen Aggregatzustand –, aber dann geh sofort weiter zum nächsten darunterliegenden.

Der innere Himmel ist eine Entsprechung zum äußeren Himmel. Statt nach oben fliegst Du in die Tiefe Deines Inneren, das sich als Tor zum eigentlichen Universum entpuppt – zu dem Ort, wo Du herkommst.
Du selbst bist das Tor, die Weiche zwischen Innen und Außen. Mit einer Hälfte bist Du in dieser materiellen Welt und mit der anderen Hälfte in der sogenannten jenseitigen

geistigen Welt. Durch Dich schaut das Universum in diese Welt – und durch Dich kann diese Welt einen Blick auf das Universum werfen.

Alles ist Eins.

Also mach es Dir bequem, entspanne Dich und spreize Deine inneren Flügel. Dein Himmel ist hier, wo er schon immer war – und wartet auf Dich.

Jeder Mensch, jedes Wesen und jedes Geschehen ist Ausdruck der Liebe dieses wundervollen Universums

König der Liebe

Was denkst Du, wer ich bin?
Ein Trinker?
Ein Sklave meiner Sinne?
Ein liebeskranker Irrer?
Wisse: Ich bin der König der Liebe!
Meine Seele ist von Lust befreit,
meine Sehnsucht gereinigt von Begierde.
Mein Verstand ist frei von Scham.
Ich verließ den Bazar der Sinne.
Liebe ist mein Wesen.
Die Liebe ist Feuer – ich bin das Holz
und verbrenne.*
Die Liebe zog ein in mein Haus,
und mein Ich packte seine Bündel
und zog aus.
Du denkst, du siehst mich,
doch ich existiere nicht.
Was existiert ist der Geliebte.**

Ein Vorfahre von Rumi namens Ilyas ibu Yusuf Nizami, gest. 1209, in der Bearbeitung von Dieter Halbach (www.rumiprojekt.de/gedichte.html)

* Verbrennen: Prozess der Selbstreinigung, Sehnsucht nach Gott

** Der Geliebte: Gott und seine liebenden Aspekte, die dem Menschen durch Hingabe erfahrbar sind; auch die Quelle der Sehnsucht – die eigene Seele und der Meister

Sechste Abkürzung:
Liebe und Hingabe

Liebe ist das Material, aus dem dieses Universum gemacht ist. Es ist der »Stoff«, aus dem wir gemacht sind und der uns alle miteinander verbindet.
Wir können Liebe nicht machen, denn wir sind Liebe, ob uns das nun bewusst ist oder nicht. Wenn wir unser Bewusstsein für diese Präsenz der Liebe in uns und in Allem öffnen – dann sind wir eins mit Allem und einfach nur glücklich.

Jeder von uns hat das bereits einmal erlebt. Im Zustand der Verliebtheit sehen wir alles in einem anderen Licht. Wir strahlen von Innen heraus und betrachten alles im Licht unserer Liebe.
Wenn die Verliebtheit nachlässt, verschwindet auch dieser Glanz der Liebe, der sich in allem spiegelt.

Verliebe Dich in die ganze Welt (und nicht nur exklusiv in eine Person) und in alles (!), was diese Welt für Dich bereithält. Leiste keinen Widerstand gegen irgend etwas, was diese Welt und dieses Leben für Dich bereithalten.

Lieben heißt Ja-Sagen.

Ein geliebter Mensch steht vor der Tür: »Ja – ich liebe Dich!«

Dein Bankberater verweigert Dir den dringend erwünschten Kredit: »Ja – ich liebe Dich!«
Dein Vater gibt Dir wieder einmal zu verstehen, dass Du es zu nichts gebracht hast: »Ja – ich liebe Dich!«
Jeder Mensch, jedes Wesen und jedes Geschehen ist Ausdruck der Liebe dieses wundervollen Universums. Alles passiert, um Dir die Liebe des Ganzen zu zeigen – auch wenn Du das nicht in jedem Moment verstehst.
Du gibst Dich diesem Leben mit allem, was es beinhaltet, einfach hin: »Ja – ich liebe Dich!«

Wenn Du Dir diese Haltung aneignest, schmilzt jeder Widerstand innen wie außen. Du entdeckst, was Du die ganze Zeit warst: reine Liebe und somit reines Glück. Die Welt wird Dein Geliebter / Deine Geliebte und Du wünschst Dir nichts mehr, als Dich ihr hinzugeben und ihr mit allem, was Du bist, zu dienen. In diesem Moment hörst Du auf, als separates Wesen zu existieren, und was bleibt, ist die Liebe selbst.

Im Osten hat es schon immer den Weg des Bhakti gegeben, den Weg der Hingabe. Wenn wir uns Gott oder der Liebe völlig hingeben, lösen wir uns als vom Ganzen getrennte Einheiten auf – wir verschmelzen mit Gott.

Wenn wir eins sind mit Gott, was bleibt dann?

Gott, Liebe und damit pures unendliches Glück.

Siebte Abkürzung:
Es ist

Dies ist die königliche Abkürzung. Die Abkürzung der Heiligen und Weisen.

Nisargadatta Maharaj hat immer wieder berichtet, dass er von dem Moment an, als er seinen Lehrer traf und dieser ihm sagte, er sei bereits das allerhöchste Bewusstsein, nicht eine Sekunde daran gezweifelt hat. Er hat es einfach als Tatsache akzeptiert, dass er das allerhöchste Bewusstsein ist – und damit war es unmittelbar seine Realität.

Deine Realität ist Glückseligkeit.
Glückseligkeit ist.

Nichts weiter ist erforderlich
als die Erkenntnis Deines eigentlichen
Seinszustands.

Du – bist – es.

Praxis-Teil

Nützliche Dinge,
die Du ausprobieren könntest

Sicher hast Du bemerkt, dass die sieben geschilderten Abkürzungen im Grunde nur ein einziger breiter Weg sind. Es sind sieben Facetten des einen Diamanten – deines eigenen Glücks-Diamanten.

Vielleicht haben diese Seiten ein tiefes Echo in Dir ausgelöst, und Du fragst Dich, was Dich unterstützen kann, Deinen immer vorhandenen Zustand des Glücklichseins in dein Bewusstsein zu lassen. Deshalb möchte ich Dir ein paar Anregungen geben, nützliche Dinge, die Du ausprobieren könntest.
Natürlich musst Du für Dich selbst herausfinden, was Dir hilft, Dein Bewusstsein im Hier und Jetzt zu stabilisieren, und Dir somit Dein immer bereits vorhandenes Glück vergegenwärtigt. Dennoch gibt es Hilfsmittel, die für viele funktionieren.
Die folgenden haben für mich funktioniert, und vielleicht tun sie es auch für Dich.

Stell Dir vor, es wäre der letzte Tag Deines Lebens

Was hätte für Dich dann oberste Priorität? Was würdest Du tun? Was würdest Du sofort lassen? Stell es Dir ganz real vor und warte nicht, bis die Situation tatsächlich Realität wird. Dann handele danach.

Singe das Om

Om gilt als der heilige Laut, der Urton des Universums. Ihn zu singen kann in Dir die Urschwingung und somit die Wahrnehmung Deiner Glücksschwingung verstärken.
Setze Dich entspannt und mit aufrechtem Oberkörper hin und lass das Om nach einem tiefem Atemzug aus Dir herausströmen. Immer wieder und von immer tiefer aus Deinem Körper, aus Deinem Bauch heraus.
Wenn Du das eine Weile tust, werden sich der Klang und Deine Wahrnehmung verändern. Tu dies ganz entspannt und ohne Erwartung an irgend etwas.
Am Besten singst du das Om mindestens 10 Minuten lang vor dem Schlafengehen und/oder direkt nach dem Aufstehen.

Tue Dinge, die Du eigentlich nie tun würdest

Unser Leben verläuft im Alltag, wie der Name bereits sagt, in immer wiederkehrenden, gewohnheitsmäßigen Bahnen. Diese Bahnen geben uns vermeintlich Sicherheit, machen uns in der Regel aber auch träge, und es fällt uns schwer, innerhalb dieser gewohnten Strukturen wach zu sein. Wenn Du etwas außer der Reihe tust, etwas völlig Unbekanntes und Neues, dann sind alle Deine Sinne geschärft und eine positive Wachsamkeit belebt Dich. Du bist dann bewusst im Hier und Jetzt.

Lass Unbekanntes und Verrücktes in Deinen Alltag einfließen. Tue jeden Tag mindestens einmal etwas völlig Unbekanntes und Verrücktes.
Wenn Du etwas ver-rückst, entsteht Raum, und dieser Raum gibt Dir Platz für die Wahrnehmung Deiner Glücksschwingung. Denk nicht darüber nach, was andere sagen könnten, und hab den Mut, Dich in den Augen anderer lächerlich zu machen. Es geht nur um Dich, und die anderen sollen sich um ihr eigenes Glück kümmern.

Latihan und Gibberish

Latihan und Gibberish sind alte Meditationspraktiken, die Dich aus Deinen Gewohnheiten und inneren Strukturen herausführen. Sie können Dich aus Deinem Identitätspanzer befreien. Sie sind eine »Methode«, um die Präsenz Gottes und somit Deiner eigenen Glückseligkeit wahrzunehmen. Man kann beide Praktiken gemeinsam »machen« oder jede einzeln für sich.

Die erste Phase von Latihan solltest Du zunächst mindestens 30 Minuten ausüben. Später, wenn Du mit der Methode vertraut bist, kannst Du diese Phase auch 10 Minuten zwischendurch geschehen lassen.
Stell Dich in eine lockere aber stabile Position. Die Füße sollten dabei wenigstens 30 Zentimeter auseinander platziert sein und die Arme zunächst locker am Körper baumeln. Schließe die Augen und entspanne Dich. Mache nichts, sondern lass Deinen Körper sich von selbst bewegen.
Dies ist zunächst eine Wachsamkeitsübung, um herauszufinden, wann Dein Körper sich von selbst bewegt und wann Du Dich einmischst. Wenn die Bewegung passiert, wirst Du es sofort wissen, denn es fühlt sich komplett anders an, als wenn Du es bewusst machst. Du merkst dann, dass dein Körper ohne Dein Zutun geführt wird. – Lass Gott Dich bewegen und gib jede Kontrolle auf. Es kann zu ekstatischen tanzgleichen Bewegungen kommen,

zu einfacher Stille oder verrückten Verrenkungen. Vertraue darauf, dass jede Bewegung richtig ist, geführt wird. – Wenn die Bewegung passiert, bist Du eins mit dem heiligen Geist und somit pures Glück. Nimmst Du Dich heraus und lässt es geschehen, dann hört die Bewegung irgendwann von ganz allein wieder auf.
In der zweiten Phase lege oder setze Dich mit geschlossenen Augen hin und spüre das »Ich bin« und die Energien in Deinem Körper.

Gibberish passiert manchmal bei Latihan von selbst. Man nennt es auch die göttliche Sprache, denn Du lässt Gott aus Dir heraus sprechen. Stehe oder sitze entspannt mit geschlossenen Augen und lass die Töne aus Dir heraus strömen, die heraus wollen.
Vielleicht musst Du am Anfang einfach ein paar Töne machen, um Dich daran zu gewöhnen, sinnloses Zeugs von Dir zu geben. Wenn Du dann so das »Rohr Gottes geputzt« hast, lass es geschehen. Mit den Tönen kommen vielleicht Emotionen und Bilder. Wenn Du dich nicht einmischst, werden sich die Tonlage, die Lautstärke und die Tonfolge immer wieder verändern. Es kann sein, dass *es* flüstert oder schreit, dass es wie ein indischer Marktschreier oder wie ein Wolf klingt. Gott ist alles was ist, und so kann auch alles durch Dich hindurch kommen – vom Teufel bis zum Engel.
Lass es geschehen und misch Dich nicht ein. Es gibt *nichts* zu bewerten, denn alles ist Gott und Du bist ein Teil davon.

Ich habe erlebt, wie ganz unbekannte Sprachen zum Vorschein kamen oder mir völlig unbekannte Persönlichkeiten. Auch hier hören irgendwann die Töne von selbst auf, und dann bleibe mit geschlossenen Augen eine Weile sitzen ... ruhend im »Ich bin«.

Wenn Du mit beiden Meditationen vertraut bist, kannst Du sie kombinieren. In jedem Fall ist es wichtig, dass Du immer der Beobachter bleibst, derjenige, der Bewegung und Laute geschehen lässt.
Beide Meditationen bewirken eine tiefe Reinigung und bringen Dich unmittelbar ins Hier und Jetzt.

Öffne die Türen der inneren Wahrnehmung!

Retreat – Rückzug

Eine der hilfreichsten Möglichkeiten, deine Gegenwärtigkeit und dein Glück zu erleben, besteht darin, Dich auf Dich selbst zurück zu ziehen. Wenn wir mit anderen zusammen leben und arbeiten – auch wenn es geliebte Menschen sind –, stehen wir ständig in Beziehung. Selbst wenn wir uns in eigene Räume innerhalb eines Haushalts zurückziehen, bleibt der Bezug zu anderen oft bestehen.
Ganz für sich zu sein – völlig allein mit sich selbst und ohne Ablenkung –, öffnet die inneren Türen der Wahrnehmung unmittelbar. Vieles, was wir im Alltag nicht oder nur flüchtig anschauen, kann nun gesehen werden.

Es empfiehlt sich, eine Ferienwohnung oder ein Zimmer an einem ruhigen Ort zu nehmen oder allein irgendwo zu zelten. Eine solche Zeit mit sich selbst ist in der Regel eine unerwartete Bereicherung in vielerlei Hinsicht. Wir gehen innerlich und auch körperlich regeneriert und gestärkt daraus hervor.
Wundervoll ist es, wenn man sich ein paar Wochen Zeit nehmen kann, aber auch ein Wochenende bewirkt oft schon Ungeahntes. Ich ziehe mich regelmäßig zurück, nur mit einem Buch von Nisargadatta Maharaj und Musik von Georg Deuter ausgestattet.

Licht tanken

Jeder, der einmal durch all seine Sorgen, Ängste und Emotionen hindurchgetaucht ist, weiß, dass er im Grunde reines unendliches Licht ist.
Stell Dir also einfach vor, *dass* Du strahlendes Licht bist, durch und durch. Wenn Du Dunkelheit in Dir wahrnimmst oder Körperteile, die indifferent sind, visualisiere, wie Licht in Dich einströmt und all die vermeintliche Dunkelheit sanft aus Dir heraus fließt.
Du kannst genauso gut Glück tanken oder Liebe.

Alles, was wir in Wahrheit sind, kann ohne Ende aufgenommen werden. Die Dunkelheit ist der helfende Bruder des Lichts. Durch Dunkelheit nehmen wir die Präsenz des Lichts erst wahr. Das Gleiche gilt für die Geschwisterpaare Glück und Unglück, Geist und Materie und so weiter und so fort.
Beide Pole sind immer Teil des Ganzen –
sind Teil des Einen – Teil Gottes.

Freies Tanzen und Singen

Alles, was Dich aus Deinem Sorgenmäntelchen herausschält, Dir keinen Raum lässt, um Probleme oder Ängste zu wälzen, ist äußerst hilfreich. Tanzen und Singen lässt keinen Raum für Gedanken und holt Dich ins Hier und Jetzt.

Wenn Du also Gelegenheit hast, privat oder auch auf Partys oder in Discos frei zu tanzen – dann nutze diese Gelegenheit. Lass den Tanz geschehen und werde zum Tanz selbst. Es gibt eine wundervolle Nataraj-Tanzmeditation mit Musik von Georg Deuter, die Du auch zuhause nutzen kannst (s. Anhang).
Wenn Du Gelegenheit hast, Dich einer Mantra- oder Singgruppe anzuschließen, ist dies ebenso eine wundervolle Gelegenheit, Dir selbst und Deinem Glück die Tore zu öffnen.

Stell Dich Deiner inneren Hölle

Die meisten von uns sind mit der christlichen Sündenkultur aufgewachsen – mit Gut und Böse – mit Gott und Teufel. Wir fühlen uns ständig schuldig und rechtfertigen uns vor Gott. Das gilt auch für die meisten Menschen, die keine kirchlich ausgerichtete Familie hatten und nie in die Kirche gingen. Es ist Teil unseres gesellschaftlichen Bewusstseins und liegt quasi in der Luft. Es wurde Teil unserer Persönlichkeit, wie eine zweite Haut.

Beobachte, wie sehr Du mit der christlichen Sündenkultur verwachsen bist, wie subtil Du Dich vor Gott rechtfertigst – und erlaube Dir bewusst innerlich alle Facetten des Bewusstseins.
Du darfst alles denken, fühlen und das Meiste auch machen, denn Du bist ein Teil Gottes. Die von den Kirchen künstlich geschaffene Trennung gibt es nicht, und schon gar nicht brauchen wir Stellvertreter, die statt unser mit Gott kommunizieren. Alles, was andere Menschen in ihrem Glücklichsein nicht beeinträchtigt, *ist völlig in Ordnung*.
Nimm Dich und somit die Inhalte Deines Bewusstseins an und lass alle Wertung los. Vielleicht ist es gut, Dir selbst zu erlauben, mal eine Weile ganz bewusst ein Sünder zu sein – ohne dabei ein schlechtes Gewissen zu haben.

Wir sind freie und glückliche Wesen. Glaubenssätze von Sünde, der Schlechtigkeit des Menschen und der Trennung von Gott und Mensch sind antiquierte Konzepte, die die Wahrnehmung der Präsenz unserer ureigenen Glücks-Natur verschleiern.

*... und plötzlich bist Du mittendrin in der Unendlichkeit –
im Ewigen Licht.*

Positiv denken und visualisieren

Wir sind es gewohnt, in negativen Formulierungen zu denken und auf Ereignisse mit negativen Redewendungen und Visionen zu reagieren.
Je mehr Aufmerksamkeit wir da hinein geben, um so mehr erkennen wir, dass Gedanken und Emotionen hier ganz eng miteinander verkettet sind. Denke ich bei einer Tätigkeit, »Das wird doch sowieso nichts!«, fühle ich mich niedergeschlagen, und umgekehrt ganz genauso: Wenn ich mich in einem Zustand von Niedergeschlagenheit befinde, neige ich zu Sätzen wie »Das wird doch sowieso nichts!«. Damit enge ich meine Wahrnehmung ein und verschließe mich der ständig in mir vorhandenen Glücksschwingung.

Positive Formulierungen und Visionen unterstützen die bewusste Wahrnehmung unserer Glücks-Natur. Positives Denken schwingt mit unserem eigentlichen wahren Sein. Positives Denken öffnet unseren Geist und unsere Wahrnehmung und schafft so Raum für die Schwingung unseres Glücklichseins.
Fühle ich mich also schlecht und visualisiere etwas Schönes und Erhebendes, verändert sich der Gefühlszustand, findet Öffnung statt – und die Glücksschwingung kann wahrgenommen werden.

Bewusstes Atmen

Ich atme – also bin ich.

Wie die Liebe verbindet uns der Atem mit allem Leben. Atem ist Energie – er enthält alles, was unser Geist-Körper-Verstand-System benötigt. Das Erste, was wir tun, wenn wir in diese Welt kommen, ist Einatmen. Das Letzte, was wir tun, ist Ausatmen.

Eine der einfachsten Meditationstraditionen konzentriert sich ausschließlich auf das Ein- und Ausatmen. Wir können diesen Vorgang nicht stoppen (außer für kurze Zeit) – es geschieht ganz von selbst –, ebenso wie unser Leben und Sterben ganz von selbst geschieht. Atem und das, was er für uns enthält, ist Leben – ist bewusstes Sein. Endet er, enden das Leben und das bewusste Sein.
Bewusstes Atmen ist eine der einfachsten und heilsamsten Techniken, die ich kenne. Es holt Dich sofort und unmittelbar ins Hier und Jetzt. Darüber hinaus zeigt Dir der Atemfluss, wo in deinem Geist-Körper-Verstand-System Hindernisse und Widerstände sind.

Versuche einmal, 15 Minuten doppelt so schnell wie gewöhnlich bewusst und tief zu atmen. Dein Körper wird wahrscheinlich an den Stellen, wo er blockiert ist, zu vibrieren beginnen. Wenn Du dann einfach weiteratmest und versuchst, dabei entspannt zu bleiben, kannst Du in neue innere Räume vorstoßen. Dein Verstand wird dieser neuen unbekannten Situation wahrscheinlich entfliehen wollen und ein ums andere Mal Widerstand aufbauen. Wenn Du dennoch bewusst dabei bleibst, kann sich dein ganzes System öffnen und mit Dir im Hier und Jetzt verschwinden.

Als Rebirthing oder Holotropes Atmen wird diese Technik unter Anleitung angeboten. Es sind fortgeschrittene Methoden, bei denen man bis zu mehreren Stunden so atmet. Für mich waren sie immer eine Schnellstraße in meine wahre Realität und Glückseligkeit.
Bei dieser Methode wird das gewohnte Atemmuster durchbrochen und damit auch unsere gewohnte Wahrnehmungsstruktur. Wir können auf diese Weise durch unsere Gewohnheiten hindurchatmen und in unsere wahre Glückseligkeits-Realität vorstoßen.

Komme im Alltag immer wieder auf deinen Atem zurück und spüre, wie es ein- und ausatmet. Wenn Du atmest, *bist* Du. Gibt es irgend etwas anderes, was von Bedeutung ist in diesem Moment?!

Willkommen heißen, was immer ist

Immer wieder begründen wir vor uns selbst, warum wir nicht glücklich sind. Weil ich Angst habe, weil ich Liebeskummer habe, weil ich krank bin, weil weil weil weil ... Wenn wir aber zu allem einfach Ja sagen – es willkommen heißen, es als ein Geschenk betrachten, ohne nach dem Warum oder Sinn zu fragen: *Willkommen Angst! Willkommen Liebeskummer! Willkommen Krankheit!* Was bleibt dann?
Dann betreten wir einen dauerhaft offenen Raum voll von Dankbarkeit und Glückseligkeit.

Wichtig dabei ist: Willkommen heißen bedeutet nicht, es festzuhalten. Betrachte die Zustände, die Du willkommen heißt, als Gäste, die auf der Durchreise sind. Sie kommen von allein – aber sie gehen auch wieder von selbst.

Glück ist – wenn Dein Bewusstsein immer im Moment ruht

Glücklichsein bedeutet nicht, dass Du die ganze Zeit mit einem dicken Grinsen irgendwo in der Ecke sitzt. Auch wenn Du wütend oder deprimiert bist, kannst Du glücklich sein.
Wenn Du diese Emotionen als das begreifst, was sie sind – nämlich nicht als Du, sondern als der Inhalt Deines Bewusstseins – und wenn Du diesen Inhalt, der ständig

wechselt, willkommen heißt in diesem Moment, in dem
Du bist –, *dann bist Du glücklich.*

Lass einfach die Illusion los, dass es einen dauerhaft ekstatischen Zustand gibt. In der Dualität ist Ekstase der Partner von Depression ... und nur die vollkommene Akzeptanz der Ganzheit kann Dir Glück bringen.
Wenn Du immer mit dem Moment glücklich bist, kann Dich nichts aus Deiner Mitte werfen. Dann ist alles willkommen – alles Teil des großen Abenteuers Leben, das Du hier und jetzt erleben darfst.

Körperliche Fitness

Wenn es unserem Körper gut geht, fällt uns die Wahrnehmung der Glücksschwingung leichter. Unser Körper ist das Gefährt, an den sich unser Bewusstsein im Hier und Jetzt gebunden hat. Er ist Teil des Ganzen und verdient entsprechend Fürsorge und Aufmerksamkeit. Eine gute Ernährung, frische Luft und Bewegung sind selbstverständlich dem Glücklichsein zuträglich. Was Deinem Körper hier gut tut, weißt Du selbst am besten.

Gehe bewusst mit den Empfindungen und Empfindlichkeiten Deines Organismus um und höre auf die Signale, die er aussendet. Dann wirst Du immer wissen, was für ihn richtig ist.

*Wir brauchen das Universum
nicht anzuschieben,
damit es seine Aufgaben erfüllt.*

Nützliche Eigenschaften, die Du kultivieren könntest

Geduld

In der heutigen schnelllebigen Zeit ist Geduld mehr denn je Mangelware. Wir sind es gewohnt, möglichst viel und möglichst schnell erledigen zu wollen. Wir sind unduldsam gegenüber anderen, aber damit vor allem gegen uns selbst.

Ich kenne es sehr gut von mir, dass ich hohe Erwartungen an mich selbst aufbaue, und gelingt mir die Umsetzung nicht sofort, werde ich unzufrieden und ungeduldig.

Werde mitfühlend und geduldig mit Dir und deinem Angst-Ich. Wenn Du liebevoll und geduldig mit Dir selbst bist, wirst Du es automatisch auch mit anderen sein. Lass Dir Zeit und gönn Dir Ruhe, denn das kultiviert ein inneres Klima von Aufmerksamkeit und Bewusstheit, in dem es Dir leicht fällt, loszulassen und deine Gegenwärtigkeit wahrzunehmen. Wir brauchen das Universum nicht anzuschieben, damit es seine Aufgaben erfüllt.

Vertrauen

Wir alle kommen gelegentlich in Situationen, in denen wir das Gefühl haben, dass es sich nicht so entwickelt, wie wir es gern hätten, oder in denen wir das Gefühl haben, völlig blockiert zu sein.
Wir wissen nicht mehr ein noch aus oder zweifeln daran, auf dem richtigen Weg zu sein. Wenn wir uns dann daran erinnern und darauf vertrauen, dass das Licht, dass die Glückseligkeit *da* ist, dass alles *in Ordnung* ist, genauso, wie es gerade *ist* – dann kann sich wieder der innere Raum der Wahrnehmung für unsere Glücks-Natur öffnen.
Kultiviere eine grundsätzliche Haltung von Vertrauen: Vertrauen darauf, dass Dein Glück hier und jetzt anwesend ist. Du musst nur Platz dafür schaffen, und Vertrauen ist ein wundervoller Weg, dies zu tun.

Humor und Leichtigkeit

Manchmal verheddern wir uns in unserer eigenen Zielstrebigkeit, werden verbissen und ernst. Dann fühlt sich alles eng und hart an, und wo Enge und Härte ist, kann kein Raum für die Wahrnehmung deiner Glücksschwingung entstehen. Dann mache einen Witz über Dich selbst, flute Deinen Geist und Körper mit Lachen, Licht und Leichtigkeit und erinnere Dich daran, dass alles lediglich ein Spiel ist, das Gott mit sich selbst spielt. Es gibt keinen Preis zu gewinnen oder Berg zu erklimmen. Es geht einfach nur darum, hier und jetzt glücklich zu sein.
Lachen ist die beste Medizin heißt es im Volksmund, und wie so oft, hat er da recht.

Vergebung

Immer wieder erwischen wir uns dabei, wie wir mit uns selbst hadern, uns schelten oder niedermachen. Dann ist es an der Zeit, Dein Angst-Ich in die Arme zu nehmen und Dir selbst und anderen zu vergeben.
Wir sind, wie wir sind, und darüber gibt es nichts zu urteilen. Das Einzige, was uns weiterführt, ist nachsichtig mit uns selbst zu sein und uns an das »Ich bin« im Hier und Jetzt zu erinnern.
Die Glückseligkeit kommt dann von ganz allein.

Dankbarkeit

Oft nehmen wir das Leben als Selbstverständlichkeit, und es ist eine weit verbreitete Angewohnheit, sich über alles zu beschweren, was einem auf den ersten Blick nicht gefällt. Die Kunst ist es jedoch, das Leben und alles, was es mit sich bringt, als Geschenk zu betrachten. Und dafür immer wieder »Danke« zu sagen ist eine große Herausforderung, aber das Heilsamste, was Du tun kannst.
Dankbarkeit als Grundhaltung ist ein Meister-Schlüssel zum Erleben Deiner Glücksschwingung.

Einfach sein

Wenn wir uns dabei ertappen, wie wir Ansprüchen und Dingen hinterher hecheln, weil wir mal wieder meinen, ein neues Handy zu brauchen, oder drei Dinge gleichzeitig erledigen wollen – dann ist es gut, sich daran zu erinnern, dass materielle Dinge, Erfolg und Reichtum für unser Glück absolut zweitrangig sind.
Es ist schön, dies zu haben, wenn es anstrengungslos zu uns fließt, aber um hier und jetzt glücklich zu sein ist es nicht notwendig.

Deine einfache und pure Anwesenheit in diesem Moment ist ganz und gar ausreichend. Letztlich ist es egal, was Du hast und was Du tust, ob Du die Wohnung putzt oder ein Buch schreibst, eine Büroangestellte oder Schauspielerin bist. Es ist unbedeutend, ob Du »einen Namen« hast oder in der »grauen Masse« verschwindest.
Sei einfach in diesem Moment genau mit den Lebensumständen, in denen Du Dich befindest, und sei Deiner Anwesenheit gewahr. Dann kann alles andere von selbst geschehen und das Glück dauerhaft aus Dir heraus leuchten.

Meine Buch-Tipps

Bücher von **Sri Nisargadatta Maharaj**:
Ich bin (Teil 1–3), J. Kamphausen Verlag
Die ultimative Medizin, Noumenon Verlag
Bevor ich war bin ich, Noumenon Verlag
Der Nektar der Unsterblichkeit, Noumenon Verlag

Eileen Caddy: *Herzenstüren öffnen*, Greuthof Verlag

Osho: *Mut. Lebe wild und gefährlich*, Allegria Verlag
Osho: *Liebe, Freiheit, Alleinsein*, Goldmann Verlag

Ramana Maharshi: *Gespräche des Weisen vom Berge Arunachala*, Ansata Verlag

Esther & Jerry Hicks: *The Law of Attraction* (Teil 1–3), Allegria Verlag

Rick Linchitz: *Jeder Augenblick ist Gnade*, J. Kamphausen Verlag

Satyam Nadeen: *Von der Zwiebel zur Perle*, J. Kamphausen Verlag

Thaddeus Golas: *Der Erleuchtung ist es egal, wie du sie erlangst*, Goldmann Verlag

Thomas Mariam Sura: *Die Antworten seiner Schweinheiligkeit Meister Allfred*, Neue Erde Verlag (Bezug über www.taste-of-love.de/shop)

Teresa-Maria Sura: *Rohköstliche Gourmet-Rezepte*, Schirner Verlag

Meine CDs-Tipps

Alle Musik-CDs von **Georg Deuter**, aber insbesondere:
Earth Blue, East of the Full Moon, Sun Spirit, Land of Enchantment, Sea & Silence

Zur Unterstützung empfehlen sich auch die
Osho-Meditationen:
Nataraj, Kundalini, Dynamic, Prayer, Gourishankar
Sie sind alle auf CD mit Musik von Georg Deuter erhältlich.

Alle Musik-CDs von
**Peter Makena,
Satyaa & Pari,
Deva Premal & Miten,
Felix Maria Woschek**

Danksagung

Bei folgenden Freunden möchte ich mich besonders bedanken, weil sie mich auf meinem Weg inspiriert, unterstützt oder mir den Rücken freigehalten haben:

Teresa-Maria Sura
Ananda C. Trojan
Renate Busam
Pari und Satyaa Laskaridis
Peter und Aneeta Makena
Rick Linchitz
Satyam Nadeen
Hermann Münch
Satpremo Richter
Stephan Fahry
Osho
Nisargadatta Maharaj

Ich bin gesund.
Ich bin glücklich.
Ich bin gegenwärtig.

Nachwort

Es hat mich sehr gefreut, als Mariam mich eines Tages anrief und fragte, ob ich nicht einen Beitrag zu seinem Buch über das Glücks-Mantra verfassen wolle. Dies war wieder mal einer der vielen kleinen herrlichen »Zufälle«, die das Leben so wundervoll schreibt. Zu dieser Zeit hatte ich nämlich selbst gerade ein Buch über Mantras in Arbeit, ein Projekt, das seit ein paar Jahren mehr als fällig auf meinem Schreibtisch gelegen hatte.
Das Erste, was mir an Mariams Buch sofort gefiel, ist der direkte, praktische und persönliche Stil, seine ganz eigene Art, ein bestimmtes Mantra zu finden und zu benutzen – und auch, dass er hier sein Glücks-Mantra in seiner Muttersprache Deutsch vorstellt. Ich habe sein Buch in einem Zug durchgelesen und mich sehr über die Leichtigkeit und den hier und dort aufblitzenden Humor angesichts eines so ernsten Themas wie »Glück« gefreut!

Aus eigener Erfahrung weiß ich, dass nur glückliche Menschen zu Humor fähig sind und nur diejenigen, die ein paar grundlegende, das Leben betreffende Tatsachen zu akzeptieren bereit sind, auch etwas zu lachen haben.
Eine dieser Tatsachen, von denen Mariam ausdrücklich spricht, ist die aus vielen »blauen Augen« gewonnene Erkenntnis, dass es nirgends wirkliches, dauerhaftes, lebbares und erfüllendes Glück gibt. Du kannst das gesamte Universum mit all seinen Galaxien und Sonnensystemen

durchforsten, nach Leben oder wenigstens Anzeichen von Leben dort draußen oder auch hier drinnen im eigenen Körper suchen, und doch wird jeder äußere oder innere Astronaut nur eines finden: *nichts*.

Inneres Glück verflüchtigt sich ebenso wie Glück, das von äußeren Umständen verursacht wird. Wenn man irgendwo nach Glück, Liebe oder einem bisschen Wahrheit sucht, macht man neben vielen mal tiefen, mal weniger tiefen Erfahrungen, die ich allesamt als »blaue Augen« bezeichne, nach langer Suche eine interessante Entdeckung: *nichts zu finden, weit und breit*. Punkt, aus. Dies ist die erste wichtige Vorbereitung, eine Grundvoraussetzung – dann ist man langsam bereit und offen genug, um wahres Glück einzuladen.

Wie das geht? Man benutzt gewisse Praktiken einfach nicht mehr, um das Glück zu erobern, sondern lernt, sich hinzugeben und anzunehmen. Das ist der kleine Unterschied, der den großen Unterschied macht: Man beschönigt nichts mehr; es stellt sich eine große Demut ein, die eigentlich nichts Demütiges an sich hat, sondern lediglich die Augen größer, den Mund kleiner und das Herz stiller werden lässt.

Glück erweist sich so als nichts anderes denn unsere innere, liebevolle und absolut still-wache Natur: immer gesund, immer glücklich und immer gegenwärtig.

Und genau hier kommt dieses Buch ins Spiel!

Da ich mich bereits seit den Siebzigerjahren des vorigen Jahrtausends mit Mantras beschäftige, hauptsächlich mit Mantras in Sanskrit, der Sprache der Vedas, und zusammen mit Satyaa seit langer Zeit auch mit indischen Mantras, Chants und Liedern der Hingabe zu tun habe – sei es in Konzerten oder Retreats –, war ich natürlich sehr gespannt darauf zu erfahren, wie Mariam auf sein Glücks-Mantra kam und was es mit diesem ganz eigenen Mantra auf sich hat. In ihrer Essenz sind Mantras nämlich Worte oder Silben der Kraft, die uns direkt mit der Quelle unseres Lebens verbinden, mit Gott. Das wichtigste Element dabei – und dies wird oft nicht richtig verstanden oder beachtet – sind die Hingabe und das »Herz«, das der Übende in das/ sein Mantra hinein gibt.

Im Englischen gibt es die Redewendung »You get what you pay for«, was so viel heißt wie »Du bekommst *das*, wofür Du bereit bist zu bezahlen« ... und nicht mehr! Die Einstellung, Liebe und Hingabe, die man in ein Mantra gibt, wird letzten Endes entscheidend dafür sein, wie viel oder was einem das Mantra gibt! Daher ist die wichtigste Person im Leben desjenigen, der das Mantra spricht, egal ob in Sanskrit oder seiner Muttersprache, immer der Sprecher selbst – und eigentlich ungeachtet der Eigenheiten seiner Kultur. Selbst ein »falsch« ausgesprochenes großes Sanskrit-Mantra besitzt, mit aufrichtiger Hingabe gesprochen, gesungen oder geflüstert, die Kraft, das Höchste im Sprecher, den Nektar der Selbsterkenntnis und schieren Freude zu offenbaren. Es geht immer um die Verbindung zum Göttlichen in unseren Herzen – ansonsten praktizieren wir am Mantra vorbei.

Hier, in diesem Buch, geht es um »Glück«, eines der ganz großen Wörter der Menschheit. Andere solche Wörter sind »Liebe« oder »Frieden«. Sie alle haben gemeinsam, dass wir meist nur eine *Ahnung* haben, was sie bedeuten, eine vage Vorstellung. Selten sind die Menschen, die am eigenen Leib, aus erster Hand, Freude, Liebe und wahres Glück erfahren, die diese Qualitäten als innere Realität ihrer Seele wahrnehmen.

Manche spirituelle Meister, Mystiker, Rishis haben uns praktische Wege und Methoden gezeigt, mit deren Hilfe wir die »Worthaftigkeit« dieser Wörter verlassen können, um zu erfahren, worauf sie hindeuten. Einige dieser Wege werden in Mariams Buch anschaulich vorgestellt, und ich kenne mindestens eine Quelle. Ich kann mich nämlich erinnern, dass vor vielen Jahren, im Jahre 1980, in einem indischen Ashram, Mariam und ich einige dieser Übungen zusammen praktizierten – und dabei viel Spaß hatten!

Was ist das, das oft ungefragt und ungebeten kommt, unser Herz von grundloser Freude überfließen lässt, mühelos ein Lächeln ins Gesicht zaubert und sich beim Versuch, es einzufangen, wie ein ausgeträumter Traum am Morgen in einem Meer von Normalität und ernüchternder Realität wieder spurlos auflöst?

Als der Mensch anfing zu denken, so scheint es, kam gleichzeitig der Drang, wahres Glück, Liebe und andauernde Freude im Herzen zu erfahren. Wohl deshalb, weil wir intuitiv wissen, dass wir essentiell aus Glück und Liebe bestehen. Diese Suche nach Glück war der grundlegende Auslöser für so vieles, was wir gemeinhin mit »Kultur« oder »Religion« umschreiben. Ohne die Erfahrung flüchtigen Glücks, das mal da und dann wieder weg ist, hätte es weder einen Buddha oder einen Sokrates noch einen Aristoteles oder Platon, einen indischen Shankara oder den deutschen Meister Eckart gegeben.

Eben jener Platon hat in seiner Ideenlehre die vielleicht wichtigste Entdeckung seiner lebenslangen Erforschung des Themas »Glück und Wahrheit« beschrieben. Im Kern sagt er, dass nichts von dem, was wir wahrnehmen, das Eigentliche, Wahre und Wirkliche ist, sondern nur dessen in unserem Bewusstsein reflektierte Spiegelbild – er nennt es den »Schatten des Wirklichen«. Demnach empfinden wir Glück meist nur, wenn es einen Grund, einen äußeren Anlass dafür gibt – und dies ist nichts als ein Abbild vom eigentlichen Glück, das ohne Ursache, grundlos und völlig aus sich selbst heraus existiert.

Oder lassen Sie uns mit einem anderen großen Wort spielen: »Liebe«! Sie ist immer dann präsent und erfahrbar, wenn der »innere Fischer« *keine* Netze auswirft, sie zu fangen, der »innere Jäger« *keine* Flinte anlegt, sie zu erlegen. Das eigentlich Erfüllende, Sinnvolle und Freudvolle

des Lebens ereignet sich scheinbar *ohne* unser zielgerichtetes Tun und ohne jegliche Mühe.
Dass diese letztlich entspannende, freudige Mühelosigkeit unseres Seins doch einige Mühen und Plagen und mal viel, mal gar keinen fokussierten Willen erfordert, bis sie auch wirklich realisiert wird, trägt zum köstlichen Spiel der Selbsterkenntnis bei und schafft viele unserer geliebten Anekdoten und persönliche Erfahrungen auf dem Weg zu uns selbst. Eine gute Portion Humor und ein mitfühlendes Lächeln mit all unseren Anstrengungen und all unserem Erreichten sind dabei stets sehr wohl angebracht ...

All diese großen Wörter sind also nur deshalb so groß, weil sie im Kern auf essentielle Wahrheiten hinweisen, existentielle Wirklichkeiten, die über jeden menschlichen Versuch, sie zu verstehen, analysieren und somit zu besitzen, erhaben sind. Doch im scheinbar Verborgenen liegt auch ein großer Segen: die im besten Sinne Demut gebärende Erkenntnis, dass die einzige Möglichkeit, wahres Glück zu verstehen, darin besteht, *glücklich* zu sein, sich *glücklich* zu fühlen, und die einzige Möglichkeit, das Wesen von Liebe und Frieden zu verstehen, darin besteht, *Liebe und Frieden zu sein!*
Anders ausgedrückt: Wenn man glücklich ist, ist es einem egal, wo das Glück herkommt, wann genau es begonnen hat und wie lange es wohl dauern wird. Dies wäre allenfalls das beste Mittel, jegliches Glück sofort wieder abzustellen.

Glück scheint identisch zu sein mit dem, was immer hier und jetzt ist, und dies kann nicht gekannt oder gemessen werden, weil es kein Ding ist, sondern ein lebendiges, kreatives Fließen ohne Anfang und Ende. Glück ist unsere innerste Natur, das, was immer der Fall ist und weder kommt noch geht und durch nichts verursacht wird. Wie es auch im vorliegenden Buch geschrieben steht: »Das Leben ist und bleibt ein Mysterium, die Wahrheit ein ewiges Paradoxon.«

Aber wie geht das dann mit dem Glück? Mariam hat es gezeigt, und wenn es noch Einiges an Arbeit zu bewältigen gibt, handelt es sich im Wesentlichen um das Lernen von Loslassen, das Entspannen ins Hier und Jetzt, um Meditation – ein »Tun« also, um das »Nicht-Tun« und Glücklichsein zu erlernen, neu zu entdecken. Dabei helfen Mantras: Durch sie lernt der stets rastlos umherwandernde Verstand – das Ding »hier oben«, das ständig Lösungen für Probleme sucht, die es unaufhörlich selbst erschafft –, die *göttlichen Wonnen* kennen, die ein wortlos fühlendes Herz bereitet, ein entspanntes wortloses Bewusstsein.

Nimm die Einladung an, die das vorliegende Buch Dir entgegenbringt. Lies es wieder und wieder! Dies kann Dein erster Tag hier auf Erden sein, den Du in Glück, Frieden und Liebe erlebst, der größte Luxus aller Erfahrungen.
Und bedenke: Es ist immer die richtige Zeit, mit der Einladung des Glücks in Dein Leben zu beginnen! Wozu

warten? Auf was? Es ist höchste Zeit für uns alle, und der erste Schritt ist immer der wichtigste: *Sei glücklich!*

PARI LASKARIDIS
München im März 2013

Zur vorliegenden Veröffentlichung

»Thomas Mariams wundervolles Buch wird Dein Herz berühren. Es wird Dich an Wahrheiten erinnern, die seit langer Zeit unter vielen Schichten von Gewohnheiten vergraben waren – und es wird Dir die Erlaubnis geben, Dein einzigartiges Leben nun für Dich selbst einzufordern und es zu feiern.«
Rhea Powers (Autorin und Soulworkerin)

»Auf Sanskrit heißt das Glücks-Mantra ›Lokah Samasta Sukhino Bhavantu‹, was übersetzt bedeutet: ›Mögen alle Lebewesen glücklich sein.‹ Aber nur, wenn wir selbst glücklich sind, können wir unser Glück teilen. Die Antwort auf die Frage, wie kann ich (grundlos) glücklich sein, tragen wir alle in uns, aber ab und zu brauchen wir einen liebevollen Anstoß von außen, der uns wieder auf die richtige Bahn bringt. Und genau das leistet dieses Buch von Mariam Sura!«
Deva Premal & Miten (Singer und Songwriter)

»Mit viel Geschick und Hingabe pflückt Thomas Mariam Sura die Früchte der Weisheiten, die sein Leben bereichert haben, und bietet uns an, sie zu kosten und zu entdecken, was davon für uns wahr ist! Dieses Büchlein ist eine Schatzkiste voll tiefer Einsichten, Inspiration und Vorschlägen. Und es ist eine liebevolle Einladung, unser Leben mit Gesundheit, Glück und Präsenz sich entfalten zu lassen.«

Peter Makena (Singer und Songwriter)

»Glücklichsein, das Urbedürfnis eines jeden Menschen, gleichzeitig sein Geburtsrecht, ist das, was uns bewegt, berührt, was wir alle wirklich wollen. Was gibt es Schöneres als abends zu denken, was für ein himmlischer Tag das heute war – oder was für ein erfüllter Moment das gerade jetzt ist! Dieses Buch beleuchtet unser Glücklichsein, bringt es uns näher und gibt in einfacher Sprache, ohne lange theoretische Abhandlungen, eine Vielzahl von einfach zu befolgenden Anregungen, ohne in irgendeiner Weise dogmatisch zu sein. Man spürt, der Autor weiß, wovon er schreibt, er lebt sein Glück, ja er fließt über davon, und darum blieb ihm auch keine andere Wahl, als dieses Buch zu schreiben. Mit einfachen Worten und ganz praktischen, konkreten Tipps wird die Begeisterung für unser eigenes Glücklichsein unterstützt, genährt, zum Fließen gebracht. Ganz ohne belehrend zu sein wird die Lust zum Experimentieren mit unserem Glücklichsein angefacht. Ein glückliches Buch, Glückwunsch an alle potenziellen Leser!«
Devasetu Wolfram Umlauf (Jetzt-TV)

»Sehr selten habe ich ein Buch in einem Stück zu Ende gelesen, ohne es zwischendurch abzulegen; dies ist so ein Buch! Fließend wie aus einem Guss, leicht zu lesen und dabei von einer großartig sanften Tiefgründigkeit berührt es mit der vielleicht wichtigsten Frage im Leben: Was ist wahres Glück? Gibt es so etwas, und wenn ja, wie komme ich dahin? Nicht weniger als die größten Köpfe der antiken Philosophie in Ost und West haben ihr ganzes Leben dieser Frage und – vor allem – deren Beantwortung gewidmet. Ich finde, Thomas Mariam steht ihnen in seinem persönlichen Stil, mit seinem eigenen Mantra und seinen wertvollen Praxisvorschlägen, die jeder für sich ausprobieren kann, darin absolut nicht nach! Unprätentiös, nicht belehrend und immer ›to the point‹ nimmt er den Leser mit viel Humor und Liebe an die Hand. Was mir besonders gefällt ist seine eigene Kreativität bezüglich Mantras, und mit Mantras haben wir, Satyaa und ich, schon seit gut zwanzig Jahren zu tun. Mantras müssen leben und als eigenes Herzensgebet integriert werden, wenn sie wirken sollen, und dies ist dem Autor vortrefflich gelungen!«
Pari Laskaridis (Satyaa & Pari)

Thomas Mariam Sura

Diplomierter Sozialpädagoge und Begründer des international bekannten Rainbow Spirit Festival, seit über dreißig Jahren Glückssucher in der spirituellen Szene. 1980 wurde er Schüler von Osho und hatte danach viele weitere Lehrer. Heute liebt er besonders die Lehren von Sri Nisargadatta Maharaj und folgt vor allem einem Meister: sich selbst. Seit er erkannte, dass seine wahre Natur das Glücklich-Sein ist, teilt er seine Erfahrungen auf sehr einfache und humorvolle Weise. In seinem Buch kommt er zu der Einsicht, dass das Glück direkt vor unserer Nase liegt und schon immer hier war.

Sein Motto ist …

»Realisieren wir gemeinsam unser Glück im Hier und Jetzt.«

Seminare mit Thomas Mariam Sura:
www.dasgluecksmantra.de

Bildnachweis:

Thomas Mariam Sura: 8, 17, 21, 32, 38, 42, 48, 52, 56, 66, 70, 76, 82
Teresa-Maria Sura: 107
Iga Bielejec: 14, 26, 62, 92

Für den Einband wurde ein Foto von Mircea Bezergheanu verwendet, mit freundlicher Genehmigung von www.shutterstock.com.

Brandheiße Infos finden Sie regelmäßig auf:
www.facebook.com/AMRAVerlag
Besuchen Sie uns im Internet: www.AmraVerlag.de

Copyright © 2013 by Thomas Mariam Sura
Eine Originalausgabe im AMRA Verlag
Auf der Reitbahn 8, D-63452 Hanau
Telefon: + 49 (0) 61 81 – 18 93 92
Kontakt: Info@AmraVerlag.de

Herausgeber & Lektor | Michael Nagula
Umschlaggestaltung | Guter Punkt
Typografie & Satz | Iga Bielejec
Druck | FINIDR, s.r.o.

ISBN 978-3-95447-034-1
Alle Rechte der Verbreitung vorbehalten,
auch durch Funk, Fernsehen und sonstige
Kommunikationsmittel, fotomechanische
oder vertonte Wiedergabe sowie des
auszugsweisen Nachdrucks.

MANTAK CHIA
Kosmische Entgiftung
Der taoistische Weg der inneren Reinigung

»Wenn Ihre Energie infolge der Reinigungen wieder zu fließen beginnt und Sie immer mehr Vertrauen ins Loslassen gewinnen, geschieht etwas Seltsames. Sie erfahren, dass sich das Universum ständig durch Sie hindurchbewegt, und wenn Sie das zulassen, wird Ihr Leben mühelos. Das ist der wahre Weg des Tao – der mühelose Weg.«

Das neue Buch des großen Heilers und Chi-Meisters, mit 2-Wochen-Programm für die totale Körperreinigung; AMRA Verlag, gebunden, 224 Seiten, 19,95 Euro

SATSANGA SABINE KORTE
Uma lernt fliegen
Grenzenloser Mut zum Glücklichsein

Der Roman einer Wahrheitssuche. Eine junge Frau geht auf eine Reise, auf der man nichts behalten kann. Sie führt sie bis nach Indien ins Allerheiligste eines legendären Mystikers. »Das Leben ist nur möglich, wenn du fähig bist, wild zu sein – wild in deiner Liebe, wild in deinem Gesang, wild in deinem Tanz.« – Osho

Auf www.AmraVerlag.de finden Sie einen Trailer mit Hintergründen der Autorin zum Buch;
AMRA Verlag, gebunden, 320 Seiten, 19,95 Euro

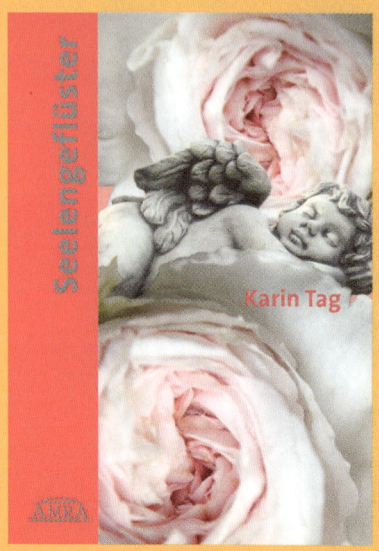

KARIN TAG
Seelengeflüster. Schamanische Gedichte
Mit Vorworten von Harald Glööckler
und König Bansah von Ghana

»Habe deine Gedichte nun recht sorgfältig zu Ende gelesen.
Deine Sprache, wie deine Wahrnehmung auch, gefällt mir.
Da sind starke Ausdrücke, sprachlich vor allem und ebenso
gefühlsmäßig.«
Galsan Tschinag, Stammesoberhaupt der Tuwiner
und Literaturpreisträger

Edel ausgestattetes Geschenkbuch mit Samteinband,
Silberprägung, Leseband, durchgehend vierfarbig;
AMRA Verlag, gebunden, 280 Seiten, 29,95 Euro